UNIVERSITÉ DE PARIS

INAUGURATION

DES

ARCHIVES DE LA PAROLE

3 JUIN 1911

Sous la Présidence

DE

M. Th. STEEG

Ministre de l'Instruction Publique et des Beaux-Arts

PARIS
IMPRIMERIE ALBERT MANIER
139, Boulevard de la Villette

MCMXI

UNIVERSITÉ DE PARIS

INAUGURATION

DES

ARCHIVES DE LA PAROLE

3 JUIN 1911

Sous la Présidence

DE

M. Th. STEEG

Ministre de l'Instruction Publique et des Beaux-Arts

PARIS
IMPRIMERIE ALBERT MANIER
139, Boulevard de la Villette

MCMXI

Depuis plusieurs années, l'Université de Paris projetait de créer un Institut de Phonétique. L'idée d'un Musée de la Parole, mise en avant par diverses personnes, avait trouvé faveur auprès du public. Mais les moyens de fonder ces institutions manquaient, lorsque, le 18 Février dernier, Monsieur Emile Pathé offrit à Monsieur le Recteur d'installer, à ses frais, à la Sorbonne, le laboratoire destiné à l'enregistrement de la parole, et de fournir, pendant dix ans au moins, le personnel et le matériel nécessaires à ce laboratoire.

Le Conseil de l'Université, consulté sur cette proposition, nomma pour l'examiner, une Commission composée de MM. Lippmann, Professeur à la Faculté des Sciences; Lanson, Professeur à la Faculté des Lettres; Gautier, Directeur de l'Ecole supérieure de Pharmacie; Weiss, Agrégé de Physique à la Faculté de Médecine, et Brunot, Professeur à la Faculté des Lettres.

Après avoir étudié les instruments présentés par la Maison Pathé, visité ses usines et procédé à des expériences, la Commission se convainquit que les résultats obtenus et les appareils mis en usage présentaient toutes les garanties scientifiquement nécessaires, et permettaient de constituer une collection de documents parlés du plus haut intérêt. Elle conclut donc dans son rapport qu'il y avait lieu d'accepter la donation offerte et de créer immédiatement les « Archives de la Parole », qui seraient la base du futur Institut de Phonétique et demeureraient propriété commune des diverses Facultés. Le Conseil délégua ensuite Monsieur Brunot à l'effet de procéder à l'installation du service, à la Sorbonne, dans la salle V et le cabinet attenant, provisoirement mis à la disposition des Archives par l'Académie.

Les Archives ont été inaugurées le samedi 3 Juin dernier, en séance solennelle. M. le Ministre de l'Instruction Publique ayant fait son entrée au son de la Marseillaise, *exécutée par un Pathéphone, M. le Vice-Recteur lui souhaita la bienvenue. Ensuite, M. Brunot exposa l'objet de l'institution nouvelle et M. le Ministre répondit. Son discours prononcé, comme celui de M. le Vice-Recteur, devant l'appareil enregistreur, put être recueilli et répété séance tenante aux applaudissements de toute l'assistance. Il sera déposé aux Archives, dont il constituera le premier document.*

Après ces discours, M. Brunot projeta quelques photographies des vibrations inscrites, dans la cire, d'après des clichés obtenus par M. le professeur Rosset, de l'Université de Grenoble.

Quelques auditions suivirent, puis la séance fut levée.

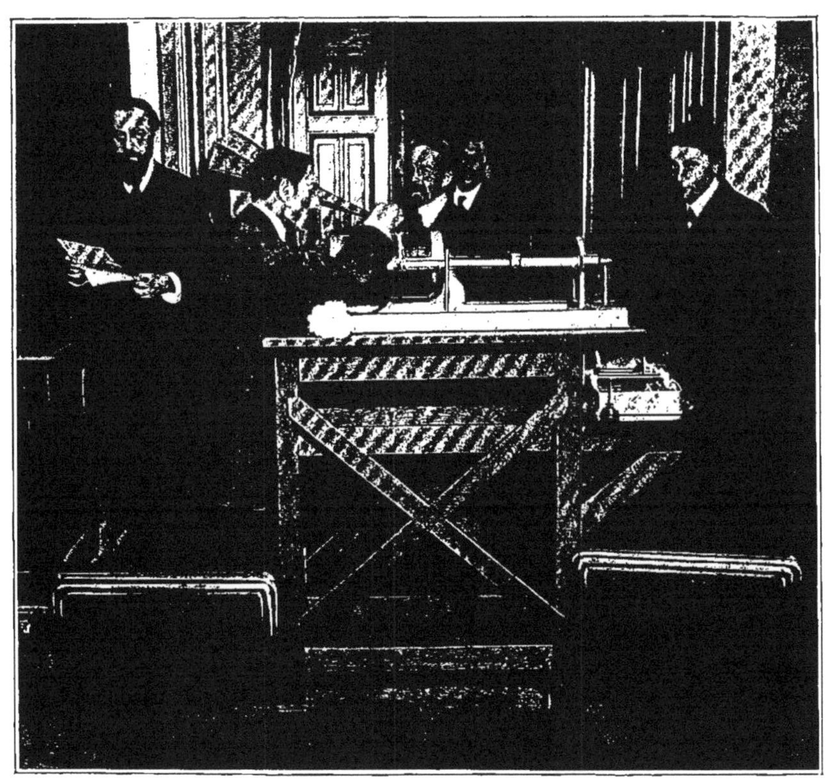

M. Th. STEEG,
Ministre de l'Instruction
Publique.

M. Émile PATHÉ.

ALLOCUTION DE M. LIARD

Vice-Recteur de l'Académie de Paris
Président du Conseil de l'Université

Monsieur le Ministre,

Quand on fonde un édifice, il est d'usage d'en poser solennellement la première pierre. Dans cette pierre, on encastre et on scelle une plaque commémorative, gravée sur métal, qui reste là, invisible témoin, jusqu'à la ruine de l'édifice.

Dans l'Université de Paris, vous inaugurez aujourd'hui, Monsieur le Ministre, un établissement nouveau. Une plaque commémorative de la cérémonie va être gravée. Mais elle ne portera pas seulement, avec la date de ce jour, votre nom et les nôtres. Par la magie d'une des plus étonnantes applications de la Science moderne, vos paroles et les nôtres vont être enregistrées au fur et à mesure qu'elles sortiront des lèvres, d'abord sur des cylindres de cire, puis sur des disques inaltérables. Cette inscription ne sera pas close dans le pied d'une muraille. Témoin visible, mobile et parlant, elle sera simplement déposée dans ce meuble.

Ces disques seront les premières assises d'un nouvel édifice, les *Archives de la Parole*. Les manuscrits des archives ordinaires et les livres des bibliothèques sont les gardiens de la parole, fixée par l'écriture. Ces disques en seront des gardiens plus complets. En même temps que les signes vocaux, qui jusqu'ici s'évanouissaient avec les vibrations de l'air, ils fixeront le vêtement fugitif de ces signes, les timbres individuels et les inflexions de la voix.

De quelles études scientifiques ces instruments pourront être les organes, M. le professeur Brunot va vous le dire. Mon rôle est plus facile; il se borne à remercier.

Tout d'abord, je remercie M. Emile Pathé, l'habile et savant constructeur de phonographes. Il rêvait d'appliquer à une œuvre de Science l'instrument merveilleux qu'il a si grandement perfectionné. Avec une générosité absolue, il a offert à l'Université de Paris, non seulement ses appareils, mais sa collaboration personnelle et celle de ses auxiliaires. Sur le rapport d'une Commission où se rencontraient les philologues de la Faculté des Lettres, les physiciens de la Faculté des Sciences et les physiologistes de la Faculté de Médecine, le Conseil de l'Université de Paris a accepté son offre avec reconnaissance, et décidé que ces *Archives de la Parole* seraient la première pièce d'un organisme plus complexe, où serait étudié tout ce qui concerne la voix humaine, physiologie, physique, philologie. Publiquement, je renouvelle à M. Pathé les remerciements de l'Université de Paris. Son nom sera inscrit sur les tables de marbre qui portent les noms de nos bienfaiteurs.

Un bienfait ne va jamais seul; une libéralité en provoque toujours d'autres. A peine la naissance de ces Archives était-elle connue, que la *Société Internationale de Musique* m'adressait l'offre d'une subvention pour la création d'un cours sur la physiologie de la parole. Le Conseil de l'Université en a délibéré lundi dernier. Il a accepté cette offre avec reconnaissance. J'exprime sa gratitude et la mienne à la *Société Internationale de Musique.*

A vous, Monsieur le Ministre, mon dernier remerciement. Merci d'être venu à la Sorbonne. La Sorbonne est heureuse de saluer dans la personne du Ministre d'aujourd'hui un de ses étudiants d'hier, un de ceux qui lui font honneur. Vous savez, et vous l'avez écrit, ce qu'est devenue en vingt ans cette grande Université de Paris, et ce qu'elle a déjà fait pour le rayonnement dans le monde de la pensée, des lettres et de la science françaises. Vous avez confiance en elle. De cela surtout nous vous remercions. L'institution naissante que vous consacrez aujourd'hui et que vous aiderez certainement à se développer, sera aux mains de ses maîtres un nouvel instrument d'action et d'influence.

DISCOURS DE M. FERDINAND BRUNOT

Professeur à la Faculté des Lettres
Délégué du Conseil de l'Université

MONSIEUR LE RECTEUR,

MONSIEUR LE VICE-RECTEUR,

MESSIEURS,

La création d'appareils qui enregistrent et reproduisent la voix humaine complète une série d'inventions qui a commencé le jour où l'homme a imaginé de dessiner un premier symbole pour représenter sa pensée. Après l'écriture, après l'imprimerie, il restait encore un progrès essentiel à faire, car ni l'une ni l'autre ne fixent ni ne transmettent la parole dans son intégrité absolue.

En effet, si cette parole, par fonction, est une image de la pensée, par essence et par nature, elle est un assemblage de sons et de bruits. Or, ces sons et ces bruits ont un rôle tel, ils contribuent tant à donner aux langues leur caractère, ils servent si bien à charmer, à persuader, à instruire, que l'effet de la scène la plus pathétique, du discours le plus éloquent, de la leçon la plus nette, est diminué, parfois détruit, quand on n'a pas pu les écouter.

Que serait-ce, écrivait Eschine à des disciples qu'enthousiasmait la lecture d'une harangue de Démosthène, que serait-ce, si vous entendiez hurler la bête elle-même? Sans doute notre imagination nous donne quelques illusions passagères. Souvent, aux heures de recueillement solitaire, où l'âme, repliée sur elle-même, revit les deuils ou bien les joies du passé, il semble qu'une voix éteinte s'éveille tout à coup, comme un oiseau dans la nuit; tout notre être alors se tend vers elle pour en écouter le chant lointain. La poésie des choses mortes enveloppe ces évocations incertaines;

mais combien nous voudrions pouvoir leur substituer une réalité, et ranimer à notre commandement les voix des disparus, dont nous conservons pieusement autour de nous les muettes images !

L'étude des œuvres du passé donne à ceux qui sont épris de littérature et d'art les mêmes regrets. En nous y enfonçant de toute notre force d'analyse, ou de toute notre puissance d'extase, nous arrivons à rendre aux proses et aux vers d'autrefois des rythmes et des harmonies dont nous jouissons quelque temps. Mais nous nous sentons bientôt troublés dans ce plaisir esthétique, d'abord par le sentiment, ensuite par la certitude qu'il y entre une part de mensonge, puisque nous y mettons de notre création personnelle, que nous refaisons à notre usage un texte qui ne s'est jamais prononcé, jamais débité, tel que nous le disons. Quelques progrès qu'ait faits l'histoire de la prononciation et de la langue, quelques inspirations que l'instinct puisse ajouter à nos connaissances positives, il est impossible à qui que ce soit de restituer un vers authentique de Racine. La vérité psychologique, la beauté expressive nous en demeurent accessibles. Mais des sonorités et du nombre qui en faisaient le charme, nous n'aurons jamais qu'une connaissance tout à fait approximative. Une part de leur beauté est ainsi effacée et abolie à jamais.

Au moins, à défaut de la voix du créateur lui-même, voudrait-on entendre les grands interprètes qui, d'âge en âge, ont exprimé la mélancolie, les angoisses, les fureurs de Phèdre. Mais, une à une, elles ont rejoint le poète dans le silence. Et que nous enseigne, dès lors, une indication crayonnée par une Rachel sur son rôle, que vaut une note du critique qui a essayé de marquer comment la fameuse tragédienne disait un vers du répertoire ? La plupart de ces commentaires sont désespérants d'imprécision. Nous ne savons même pas quand on a cessé d'observer rigoureusement la division des hémistiches, ou de prononcer longues les finales des mots pluriels. Aurions-nous des amas de remarques, que nous n'aurions rien encore. Aucune écriture phonétique, si chargée qu'elle soit de signes diacritiques, ne nous rendrait les accents, les intonations que nous n'avons pas entendus. Ici, dit-on, elle criait, elle rugissait, soit ! Entassez dix verbes encore, tous les verbes de la langue, ils vous permettront tout au plus d'imaginer un effet qui sera le vôtre, non le sien.

Musset en a dit sa tristesse devant le cercueil de la Malibran :

> ....de tant de beauté, de gloire et d'espérance,
> De tant d'accords si doux d'un instrument divin,
> Pas un faible soupir, pas un écho lointain !

Il suffit qu'une voix s'éteigne pour que nous en soyons séparés par un espace infranchissable.

Mais nous sommes au siècle des merveilles. Si le monde a, comme on le dit, des réalités que la science n'atteint pas, en échange la science donne sans cesse au monde des réalités qu'il n'avait pas. C'en est fait des lieux communs que depuis l'Antiquité on répétait sur la parole ailée, ou sur l'homme attaché à la terre ; voici qu'à peu près en même temps, l'homme commence à faire son chemin vers le ciel, et la parole se grave dans la matière pour toujours.

De ces inventions doivent résulter dans la vie privée et publique des applications de toutes sortes. Il est permis de penser que bientôt on verra les machines, sténographes incorruptibles et greffiers irréfragables, substituer leurs inscriptions à l'écriture ordinaire et à la sténographie. Ce moment n'est pas venu. Le cylindre n'est pas encore accoutumé aux discussions parlementaires, ni aux cours de Faculté. Il a la patience courte, une patience de trois ou quatre minutes au plus. Et ceux qui ne savent pas accommoder leur concision à ses exigences, devront essayer de le rendre plus complaisant aux longs discours. Il faudra aussi l'habituer à entendre de loin, sans qu'on s'en doute. Déjà il perçoit la voix chuchotée, il est indispensable qu'il arrive à écouter même ceux qui ne parlent ni devant lui, ni pour lui. C'est à condition d'épier le professeur dans sa chaire, l'orateur devant la foule, qu'il deviendra vraiment exact et véridique, et nous les rendra tels qu'ils sont.

Son indiscrétion ne sera jamais assez grande. Nous avons besoin de l'instantané, dérobé inopinément, plus encore que de la pose devant le pavillon de l'appareil, qui a trop souvent quelque chose d'artificiel et de faux.

Les progrès faits depuis dix ans répondent de l'avenir. Dans ses premiers essais d'incorporation à la matière, la voix humaine avait perdu, il faut bien l'avouer, quelque chose de son caractère et de sa beauté. Le nez empiétait désagréablement sur la bouche, il s'imposait, et notre cher français, déjà accusé de nasaliser trop volontiers, semblait tourner au portugais. Tandis que certaines voyelles claironnaient, que des consonnes éclataient qu'on aurait voulu plus modestes dans leur rôle, d'autres sons avaient peine à sortir, le *s* s'entêtait à chuinter à l'auvergnate; bref, celui qui eût commencé, il y a quinze ans, dix ans même, une collection comme celle que nous voulons faire, eût couru risque de ramasser moins une galerie de portraits qu'une série de caricatures.

Vous pourrez juger dans un instant, Messieurs, qu'il ne peut plus être question de contrefaçon, et que les appareils obtenus par la Maison Pathé et mis généreusement par elle à notre disposition, sont d'une fidélité, je n'ose pas, je ne puis pas dire parfaite, mais suffisante déjà pour satisfaire les juges les plus délicats. Il restait encore un léger bruit de grattement produit par le frottement du saphir sur le disque, mais les derniers appareils parviennent à l'atténuer, et l'expérience nous apprend du reste que l'auditeur arrive très vite à en faire abstraction ; l'essentiel, c'est que les qualités caractéristiques de chaque voix sont gardées et reproduites, au point d'être du premier coup reconnaissables. Malgré les difficultés de toutes sortes qui s'y opposaient, on a trouvé le moyen de transporter les inscriptions, de la cire molle où elles se gravent, dans une matière résistante et capable de durée, de sorte que la voix humaine peut désormais être conservée et reproduite indéfiniment.

Déjà au temps lointain où Marey et M. l'abbé Rousselot, dont j'ai le devoir de saluer ici les noms, qui resteront grands, ont créé la phonétique expérimentale, tous ceux qui réfléchissent avaient aperçu l'intérêt de réunir des documents, qui, ainsi que je l'écrivais en juillet 1892, fourniraient à nos descendants des notions exactes sur notre prononciation actuelle.

Depuis lors, grâce aux machines parlantes, l'idée s'est imposée impérieusement, l'exemple a fait le reste. De toutes parts on a reconnu la nécessité de créer des collections privées et publiques, telles qu'elles existent déjà à l'étranger, en particulier à Vienne. Certains théâtres ont montré le chemin. Dans diverses Universités, où il y a des laboratoires de phonétique, comme à Grenoble, on a commencé à recueillir des documents pour servir à la fois d'objets d'études et d'instruments pédagogiques.

A l'Université de Paris, la Faculté des Lettres caressait depuis sept ou huit ans le projet de créer un enseignement phonétique que les professeurs de langues vivantes réclamaient dans leurs revues et dans leurs congrès. Un dépôt de documents parlés en était le fondement nécessaire. Ce que sera ce dépôt, sa destination même le fait prévoir. Nous voulons avoir ici, non une galerie de curiosités, ni même un musée de souvenirs, mais un moyen de travailler et de faire avancer la Science. Et c'est là pourquoi les *Archives de la Parole*, dont il est tout naturel qu'on ait ailleurs l'équivalent, ne sauraient être placées nulle part mieux qu'ici, à portée des maîtres et des élèves qui doivent tirer des inscriptions les leçons de toutes sortes qu'elles contiennent.

D'abord j'ai le ferme espoir que les techniciens qui travailleront dans cette Sorbonne, où la pure science a rendu tant de services à la science appliquée, apporteront leur part de perfectionnement aux appareils d'enregistrement, peut-être même au Pathéphone, comme à tant d'autres. La collaboration d'une grande industrie nous était indispensable, l'aide de nos laboratoires sera, j'en suis presque sûr, utile à cette industrie.

En revanche, les machines parlantes nous rendront d'incomparables services. Il est certain que, si on enseigne ailleurs la linguistique, elle a ici une de ses maisons de prédilection. Et tout le monde aperçoit, sans qu'on ait besoin d'y insister, comment les *Archives de la Parole* seront mises à profit chaque jour, pour l'enseignement des langues, heureusement émancipé des routines scolastiques et des méthodes exclusivement livresques. Rien ne peut lui être plus utile que cette bibliothèque vivante, ces voix venues chaque jour de tous pays, au milieu desquelles nos étudiants pourront vivre, qui les entretiendront dans la pratique quotidienne des idiomes étrangers. L'expérience l'a établi, le phonographe ou le pathéphone est un maître incomparable pour qui veut saisir et s'assimiler le rythme de la phrase et tout ce qui constitue cette coloration particulière de chaque langue connue sous le nom d'accent. Des échanges, sitôt que nous serons assez riches pour offrir quelque chose, nous aurons vite procuré un matériel abondant et choisi.

Permettez-moi d'ajouter cette simple remarque, qui hélas ! a encore sa nouveauté, le français est aussi une langue vivante, et il gagnera à être considéré comme tel par nous. Qui sait, peut-être verra-t-on s'élaborer ici les méthodes et se préparer les moyens nécessaires à cet enseignement de la prononciation française aux Français, qui n'a jamais commencé, et qui trouverait sa place — une place honorable — non seulement sur les rives des Garonnes lointaines, mais jusque dans les classes du Conservatoire de Paris, et peut-être dans l'école normale de ses maîtres, si elle existait. J'imagine aussi, car bien des choses vont se trouver changées en pédagogie, que nos futurs orateurs, nos futurs professeurs voudront profiter du moyen qui leur est donné de s'observer pour corriger, perfectionner leur diction et leur style même. Si quelques-uns se bercent de leurs paroles, il y a des sages qui gagneront à s'écouter et à se connaître.

Mais nous ne voulons rien négliger de notre vaste domaine et nous n'avons pas l'intention de nous borner aux langues qu'on apprend, nos *Archives* seront pédagogiques, sans doute, elles seront aussi et surtout scientifiques. Nous entendons servir l'ethnographie et la linguistique générale, sans considérer si un dialecte s'enseigne ou ne s'enseigne pas. Elles seront ouvertes, largement ouvertes, à l'explorateur qui nous apportera l'écho d'une conversation recueillie au Thibet, ou sur les bords du Congo, ce sera l'asile des parlers dits sauvages, aussi bien que des langues dites classiques. Il me semble même qu'une des besognes les plus urgentes sera d'aller d'abord vers ce qui va se perdre. Nous avons tout autour de nous de grands vieillards qui se meurent, ce sont nos patois. Un à un les villages, sous l'influence de l'école, de la presse, des relations commerciales, centuplées par les moyens nouveaux de communication, abandonnent leur vieux parler séculaire. Dans quelques années, il sera déformé ou aura vécu. Le Français, qui n'a pas même sur ses frères le droit d'aînesse, aura pris pour lui toute la France du Nord, et une partie de celle du Midi. Immense bienfait, sans doute, pour qui ne regarde que le côté politique et social, perte irréparable pour le curieux et l'artiste qui aime la variété pittoresque de la vie, pour le savant qui en étudie les lois. Un cylindre devant lequel un paysan, soigneusement choisi, aura parlé cinq minutes, sauvera de l'oubli et du néant les patois jusqu'ici négligés. Tout le monde a observé la difficulté qu'on éprouve à lire un texte imprimé en dialecte, même quand on sait ce dialecte, l'impossibilité où on est, si on ne le sait pas. Le document parlé animera et éclairera ce que l'écriture a pu fixer : le véritable « Atlas linguistique » des parlers de France doit se faire, celui d'Allemagne est déjà commencé par le soin des Académies. Ce serait déjà là de la science, puisque la dialectologie et la linguistique s'en trouveraient transformées, mais au point où en sont les recherches, nous pouvons et nous devons entrevoir un autre avenir : la création définitive d'une nouvelle science : la phonétique, qui tient d'une part à l'acoustique, d'une autre à la physiologie, d'une autre à la linguistique, mais qui ne se confond avec aucune d'elles et qui doit avoir ses méthodes, ses instruments, et ses savants à elle. Je suis de ceux qui espèrent depuis vingt ans qu'elle va enfin se constituer.

Dès qu'on a obtenu de premiers tracés représentant les vibrations de la parole, tous ceux qui pensent ont senti que la possibilité d'observer l'infiniment petit devait nécessairement faire naître, tôt ou tard, une phonétique de précision, une phonétique scientifique. Malheureusement les tracés avaient de graves défauts, qu'il était plus facile de montrer que de corriger. La fidélité en était discutée, et restait discutable en effet. Produits directs de l'action de l'air expiré par la bouche et le nez sur des membranes vibrantes auxquelles était attachée une aiguille inscriptrice zigzaguant sur un cylindre noirci, ils n'étaient pas, ils ne pouvaient pas être constants. Suffisants, excellents même par certains côtés, ils exposaient le phonéticien à des erreurs, possibles à prévoir, impossibles à calculer. En outre, ces tracés eussent-ils été d'une fidélité rigoureuse, ils étaient à jamais muets. On m'y montrait un *a;* fort bien, mais quel *a?* celui de âne. Dans quelle phrase? Dans le titre de la fable : le Meunier, son Fils et l'Ane. Soit, mais encore, qui l'avait dite, cette fable? Le comédien Got. C'était très précis et rien ne l'était moins; car il restait à savoir comment l'artiste avait prononcé au juste ce soir-là, et même les autres soirs. Dès lors, les vibrations, nul ne savait exactement, scientifiquement, ce qu'elles représentaient. Elles avaient été produites, sans doute, mais elles ne pouvaient plus l'être. Aucune synthèse ne pouvait en réveiller les échos. C'était une écriture, peut-être admirable de détail, mais encore une écriture. Et les savants attendaient que cette écriture parlât; ils exigeaient la synthèse, assurant, non sans raison, que seule elle mettrait fin à leur scepticisme.

Il n'entre pas dans mon dessein d'exposer les autres méthodes fort diverses, par lesquelles on a tenté ensuite d'enregistrer les vibrations sonores. La phonétique n'a que vingt ans, et a déjà une histoire. De bonne heure on a compris qu'il fallait s'adresser aux instruments tels que le phonographe et le gramophone, que, coûte que coûte, on devait parvenir à lire l'inscription cachée dans la cire, exacte celle-là, puisqu'elle parle.

Berthelot, après avoir longtemps examiné le fin copeau dentelé que le tranchant du saphir inscripteur détache de la cire en inscrivant la voix, avait renoncé à en poursuivre l'étude. Et cependant il sentait bien que là était le secret de l'énigme. Pouvoir lire au fond des minuscules olives qu'on aperçoit du dehors, observer sur les flancs de l'incision faite dans la cire les vibrations inscrites, en connaître la forme, la direction, la nature et les variétés, c'était le moyen de savoir enfin de quels éléments se compose cette parole humaine dont l'oreille perçoit la synthèse.

L'un des appareils employés, qui a été présenté par M. Rosset, maître de conférences à la Faculté de Grenoble, à l'Académie des Sciences, et qui va mériter à son inventeur le diplôme de Docteur ès lettres, paraît avoir résolu le problème de façon à peu près complète. Une projection vous le montrera dans un moment. Il faudrait, pour vous en faire comprendre le mécanisme, le faire fonctionner devant vous, et instituer une expérience, ce qui n'a pas été possible.

En voici le principe. Soit un cylindre de phonographe enregistré; il est placé sur un appareil où, par un dispositif ingénieux de fourchette mouvante, l'inscription se reproduit sur un autre cylindre, vierge, celui-là, mais de telle façon que toutes les vibrations qui constituent l'inscription vont, par l'intermédiaire d'un rayon lumineux, s'inscrire en même temps sur un papier photographique. De la sorte, elle se grave à la fois pour nos yeux et pour nos oreilles. D'un même mouvement, le tracé visible et le tracé invisible s'enroulent, concordants, identiques, permettant un continuel recours de l'un à l'autre.

Vous verrez tout à l'heure de magnifiques photographies obtenues par ce procédé. L'inscription, si longtemps impénétrable, y étale ses vibrations, agrandies, d'une parfaite netteté, toutes prêtes maintenant pour l'analyse la plus rigoureuse.

Si l'on peut ensuite, et l'on doit pouvoir, arriver mathématiquement à corriger les déformations causées par l'agrandissement, puis, ce redressement fait, si on parvient, en suivant les courbes du tracé et en les réinscrivant dans la cire, à faire parler l'inscription obtenue, il n'y aura plus de question. Nous tiendrons le secret de la parole, du moins en ses éléments matériels.

En attendant, grâce aux moyens nouveaux, il va devenir possible d'enfoncer plus avant dans la connaissance d'un mystère au seuil duquel la science s'était tenue arrêtée jusqu'ici. Car il faut bien le reconnaître, malgré les admirables progrès de la linguistique et de l'acoustique, il nous est encore bien difficile de répondre avec quelque certitude à des questions qui paraissent élémentaires et que la vie et la nature infiniment complexes entourent d'une ombre profonde. Nous savons à peu près ce que c'est qu'une voyelle, quoique les théories qui semblaient les mieux établies aient pu être contestées. Nous nous croirions même sûrs de le savoir, si les perroquets ne parlaient pas. En revanche, les consonnes sont restées presque impénétrables. Nous ignorons comment elles accompagnent les sons voyelles, qu'elles articulent, et si elles ne s'y mêlent pas, alors qu'elles ont seulement l'air de les précéder ou de les suivre.

Si l'observation de ces choses simples, de ces éléments, comme on se plaît à les appeler, nous réservent des découvertes si inattendues, c'est tout un champ nouveau que va ouvrir à nos investigations la variété des langages humains. Notre oreille, si imparfaite, y distingue déjà mille différences de hauteur, de longueur, d'intensité, de timbre; des accents et des modulations d'une extrême diversité; dès lors, quel monde infini de nuances les combinaisons sans nombre des langues laisseront-elles apercevoir, une fois qu'elles pourront être étudiées dans l'infiniment petit de leur organisme? Longtemps les notations grossières des écritures, les mensonges des orthographes ne nous permettaient de saisir que des phénomènes très gros, l'imperfection de notre organe auditif, même exercé, nous interdisait tout espoir d'observer avec une précision suffisante ce que nous aurions voulu découvrir, c'est-à-dire les différences imperceptibles qui, d'un village, d'un hameau à l'autre, d'une génération à celle qui la suit, font varier le langage, malgré les forces d'assimilation qui tendent à l'unifier. En comparant des sujets très proches, dont ils auront vérifié les origines, les caractères, les milieux habituels, nos successeurs, plus heureux que nous, courront chance de voir se produire sous leurs yeux des phénomènes initiaux, d'en suivre les phases, les progrès, les retours, de savoir enfin s'il y a vraiment une unité linguistique, de quoi elle se compose, comment elle se forme ou se détruit; bref, ils auront la joie de poser, sinon de résoudre, les problèmes derniers de l'étude des langues. Ils auront un microscope du langage.

D'autres décomposeront en leurs éléments métriques et harmoniques les vers et la prose. Compter des syllabes sur un papier, et se figurer que l'on a mesuré des vers; appliquer à ces vers qui sont des assemblages et des suites de sons, des calculs et des additions fondés sur les lettres de l'écriture, est une méthode vraiment un peu simple, dont le premier postulat, c'est que les syllabes sont une unité constante de longueur, et l'existence de l'*e* sourd, pour ne parler que de lui, rend la chose fort douteuse. On n'est pas plus métricien en faisant ces dénombrements qu'on ne serait poète en mesurant ses vers au centimètre. Toute étude de ce genre doit être appuyée sur une chronométrie expérimentale et rigoureuse.

La formation des groupes de mots, la distribution des accents à l'intérieur de ces groupes, les déplacements, la décomposition que la passion apporte dans l'accentuation ordinaire, tout ce qui donne ou enlève à une syllabe, à une consonne ou à une voyelle une force expressive, les rapports mystérieux des sons entre eux, et les rapports plus mystérieux encore de ces sons avec le caractère même de la phrase et de la pensée, devront être notés, examinés, analysés avec une méthode exacte et objective. Nous saurons peut-être alors ce que c'est qu'un vers français ou qu'une période.

Déjà tout un petit groupe de chercheurs sont occupés à découvrir par quelle diversité de la psychologie humaine, les mêmes sentiments en deçà et au delà des Alpes ou du Rhin, ne s'expriment pas sur les mêmes notes, ni sur le même rythme, comme s'ils ne donnaient pas lieu à la même agitation, à la même tension musculaire et nerveuse.

L'art profitera-t-il de ces recherches ? Je l'ignore. Les données de l'observation et de l'expérience confirmeront-elles l'impression que la musique du verbe humain fait sur ceux qui l'entendent et la goûtent ? Elles ne sauraient en tous cas les troubler. Quoi que m'en ait dit dernièrement un philosophe, la science ne tue pas la vie, même la vie esthétique. La rythmique expérimentale ne tuera pas plus la poésie, que l'optique ou l'analyse des couleurs n'a tué la peinture. Au contraire, chez un nombre de plus en plus grand d'hommes cultivés, l'analyse exacte, en révélant les détails inaperçus des grandes œuvres, en découvrant les harmonies profondes et cachées qui les unissent à la nature et à nous-mêmes, avive le sens de la beauté, et par une association intime de la raison et du jugement au sentiment pur, décuple les jouissances artistiques.

D'ici à quelques années, l'introduction des appareils qui reproduisent la voix, aura modifié, transformé la pédagogie et la librairie, certaines sciences aussi. Les langues à leur tour s'en trouveront influencées dans leur développement. Depuis quatre siècles et demi, la découverte et la vulgarisation de l'imprimerie avaient assuré la prépondérance des langues écrites. S'enseignant par le livre, seules, du haut de leurs orthographes, elles commandaient à leurs servantes qui devaient se régler sur elles. L'équilibre détruit va se rétablir en partie. Conservées directement, les langues parlées reprendront leur indépendance, elles auront leur tradition, et par suite leur autorité.

La création des *Archives de la Parole* à l'Université de Paris marque une date, comme l'installation d'une presse, à peu près sur le même emplacement, en avait marqué une, vers l'an 1500. Nous ouvrons avec joie notre vieille Sorbonne à la nouvelle imprimerie. La cire en avait disparu avec les tablettes, elle y rentre avec les cylindres; ce n'est plus la main qui y enfoncera des caractères, c'est au souffle léger de la bouche qu'elle ouvre directement sa molle profondeur. Pour qu'elle y pénètre et qu'elle s'y grave, il suffit qu'un disque de cristal, réduit à l'épaisseur fantastique de 15 centièmes de millimètre, prête au rayonnement du verbe humain, qui est lumière aussi, la merveilleuse lucidité qu'il met au service des rayons du soleil.

Puisse cette découverte dépasser, comme celle de l'imprimerie, qu'elle continue et complète, tout ce qu'on peut dès aujourd'hui prévoir ou rêver de ses conséquences ; puisse-t-elle, dans l'enseignement, dans la divulgation de l'art, dans la science, dans la critique des témoignages, dans la vie universelle et les rapports entre les hommes, apporter quelques-uns des bienfaits qu'apporte avec soi toute méthode qui permet d'augmenter ce que nous pouvons connaître du réel et du vrai.

Nous aurons ici beaucoup à faire, beaucoup à recueillir, beaucoup à observer, beaucoup à produire. Vous voyez les locaux dont nous disposons et où il nous faudra donner des auditions et des cours, installer pour les étudiants des salles de travail et d'exercices. Je n'ai pas qualité pour dresser le plan de tant de travaux divers ; je ne parle ici qu'au nom d'une Commission provisoire qui m'a nommé son délégué. L'organisation de l'Institut phonétique ne pourra, du reste, se faire que très lentement, en se réglant à la fois sur les besoins de l'enseignement et les progrès de la science, et par les soins d'hommes compétents.

Ce que j'en ai dit suffit, je l'espère, je dirai ici à dessein, Monsieur le Ministre, et non plus Monsieur le Recteur, pour vous montrer que l'œuvre mérite votre encouragement et votre appui. Vous allez nous le promettre, je n'en doute pas, et l'instrument en prendra note, non pour vous rappeler à l'occasion vos paroles, il n'en sera pas besoin, j'en suis sûr, mais pour nous faire souvenir nous qu'elles ont été dites, et que pour organiser nos explorations, nos échanges, pour garnir nos rayons presque encore vides, nous pouvons compter sur le concours de l'Etat. Dites-le bien net, Monsieur le Ministre, engagez vos directeurs et vos directions, nous en avons besoin.

Il se crée aujourd'hui en votre présence un établissement qui peut devenir grand. L'Institut de phonétique, dont l'Université a décidé en principe la création, avec ses *Archives de la Parole*, ses laboratoires d'enseignement et de recherches, ses cliniques des maladies de la parole, sera bientôt, si on lui fournit les ressources nécessaires, une maison de haute science, consacrée, comme toute notre Sorbonne, à la fois à des travaux utiles et aux spéculations désintéressées qui sont l'honneur de l'esprit humain.

M. F. BRUNOT, Professeur à la Sorbonne.   M. Th. STEEG, Ministre de l'Instruction Publique.

DISCOURS DE M. TH. STEEG

Ministre de l'Instruction Publique et des Beaux-Arts

La sténographie, vous le savez, est indulgente à notre éloquence politique; elle pardonne ou corrige les fautes contre le langage; elle accueille même les repentirs de pensée. Mais vos phonogrammes sont inflexibles. Impitoyablement, ils retiendront pour les dénoncer à la postérité les moindres défaillances de notre parole. Vous comprendrez que, timide devant de tels témoins, j'aie craint l'improvisation et écrit mon discours.

Je n'ai, d'ailleurs, qu'à vous remercier tout uniment de m'avoir invité à contempler des merveilles. M. Brunot, avec sa clarté et sa hardiesse de vue habituelles, vient de nous dévoiler quelques-unes des applications nouvelles de l'invention d'Edison. On croit être emporté dans le rêve et l'on n'a pas quitté le domaine du possible. Ainsi se justifie le mot de Pascal, modifié légèrement : « L'imagination se lasse plus tôt de concevoir que la science de fournir. »

Que vous poursuiviez l'étude physique de la parole, commencée avec tant de patience et d'ingéniosité par M. l'abbé Rousselot, ou que vous enregistriez dans ses phases successives l'évolution des langues officielles et des patois, la linguistique trouvera ici des moyens d'information et de découverte qui lui donneront un essor inattendu.

C'est avec confiance que nous pouvons compter pour cette œuvre sur le zèle et la compétence des philologues éminents qui dirigeront les travaux que nous inaugurons, comme sur le concours des initiatives privées auxquelles M. le Recteur adressait tout à l'heure un juste témoignage de reconnaissance.

Ainsi la science la plus rigoureuse, avec ses laboratoires et ses instruments, s'installe peu à peu à la Faculté des Lettres. Y fut-elle jamais une étrangère ? Et qui donc la verrait avec inquiétude étendre son domaine ? Il suffit d'entendre et de lire les maîtres, qui sont ici ses ouvriers et ses interprètes, pour se convaincre qu'elle ne nuira jamais à la perfection de la forme, aux qualités de style que nous voulons tous développer. Scientifiquement étudiée, la langue n'en sera que plus littérairement écrite et parlée.

De toutes les applications que vous annoncez et dont la plupart ont un si haut intérêt scientifique, laissez-moi retenir la plus touchante, celle qui nous rendra, selon le vœu du poète : « l'inflexion des voix chères qui se sont tues. »

Quelle intensité prodigieuse y gagneront les émotions du souvenir ! Que ne puis-je entendre encore, surgissant du passé, les paroles des Victor Brochard, des Paul Janet et de tant d'autres dont l'enseignement est resté cher à ma mémoire.

Messieurs, vous continuez la tradition des maîtres d'autrefois. Comme vous, ils ont aimé la science dont vous perfectionnez les méthodes et les instruments. A défaut de leur voix, vous gardez leur exemple. C'est ici qu'on fait lever « ces petites graines sèches et dures » que l'on appelle des vérités, promesses de tous les progrès auxquels l'humanité aspire.

Soyez assurés, Messieurs, que les pouvoirs publics admirent vos travaux et sont heureux d'en reconnaître la durable valeur.

8813–11. Imp. Alb. Manier, 139, boulevard de la Villette, Paris.

www.ingramcontent.com/pod-product-compliance
Ingram Content Group UK Ltd.
Pitfield, Milton Keynes, MK11 3LW, UK
UKHW020446220726
13923UKWH00005B/2367

9 782014 456226